Basketball

…richterzeichen

SPIELUHR ANHALTEN WEGEN FOULSPIELS

Geschlossene Faust am nach oben ausgestreckten Arm

SPIELUHR STARTEN

Hackbewegung mit der Hand

HINWEISE

DARSTELLUNGEN

Werden mehrere Abbildungen bei einem Zeichen abgebildet, so gilt das am größten dargestellte Bild. Die kleineren Darstellungen zeigen davor oder danach zu zeigende Zeichen, die die Gesamtaussage komplettieren. Bestehen Schiedsrichterzeichen aus einer Abfolge von mehreren Gesten, so finden sich neben den Abbildungen Ziffern, die die Reihenfolge angeben.

Die einzelnen Gesten können in ihrer Ausführung leicht variieren und sind vom jeweiligen Schiedsrichter abhängig.

Gibt es Abweichungen zu den in den offiziellen Basketballregeln empfohlenen Darstellungen, so gelten die in den offiziellen Regelwerken gezeigten Darstellungen oder Beschreibungen.

KORBERFOLG /-VERSUCH

KORBERFOLG: 1 PUNKT

Abwärtsschlagen des Zeigefingers im Handgelenk

KORBERFOLG: 2 PUNKTE

Abwärtsschlagen von Zeige- und Mittelfinger im Handgelenk

KORBERFOLG: 3 PUNKTE

Beide Arme zeigen ausgestreckt nach oben. Beide Hände zeigen je drei Finger (Daumen, Mittel- und Zeigefinger)

KORBVERSUCH: 3 PUNKTE

Ein Arm zeigt ausgestreckt nach oben. Die Hand zeigt dabei drei Finger (Daumen, Mittel- und Zeigefinger)

SPIELERWECHSEL/AUSZEIT

SPIELERWECHSEL

Kreuzen der Unterarme vor der Brust bei geöffneten Handflächen

AUFFORDERUNG ZUM EINTRETEN

Mit der offenen Handfläche zum Körper winken.

AUSZEIT

Die Hände formen über dem Kopf oder vor dem Oberkörper den Buchstaben "T". Der Zeigefinger ist dabei sichtbar.

MEDIENAUSZEIT

Fäuste an seitlich vom Körper ausgestreckten Armen

INFORMATIONEN

UNGÜLTIGER KORBERFOLG oder UNGÜLTIGE SPIELAKTION

Scherenförmige Bewegung zwischen ausgestreckten Armen und vor der Brust befindlichen Armen

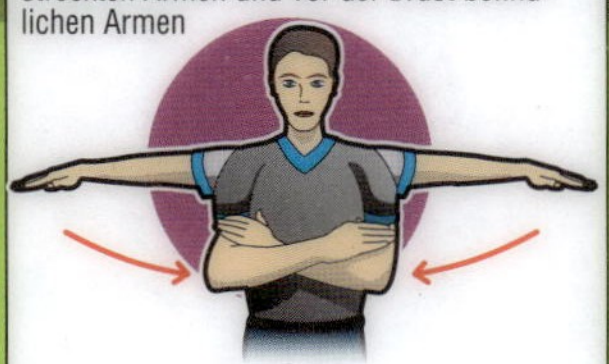

SICHTBARES ZÄHLEN

Zählen mit der Armbewegung zwischen dem seitlich ausgestreckten und dem vor der Brust kreuzenden Arm

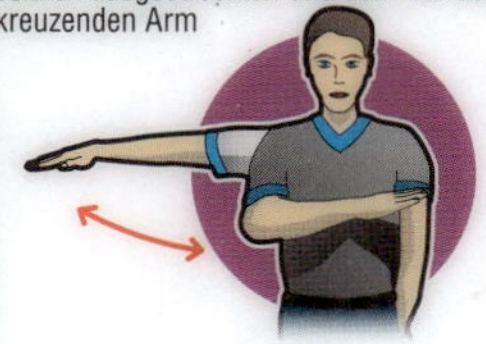

KOMMUNIKATION MIT SCHIEDS- ODER LINIENRICHTERN

Daumen nach oben am nach vorn zeigenden Arm

WURFUHR ZURÜCKSETZEN

Kreisende Bewegung des nach oben ausgestreckten Zeigefingers

AUSBALL UND/ODER SPIELRICHTUNG

Zeigebewegung parallel zu den Seitenlinien

INFORMATIONEN

SPRUNGBALL-SITUATION

Spieluhr stoppen (1), beide Daumen weisen nach oben (2), Spielrichtung anzeigen (3)

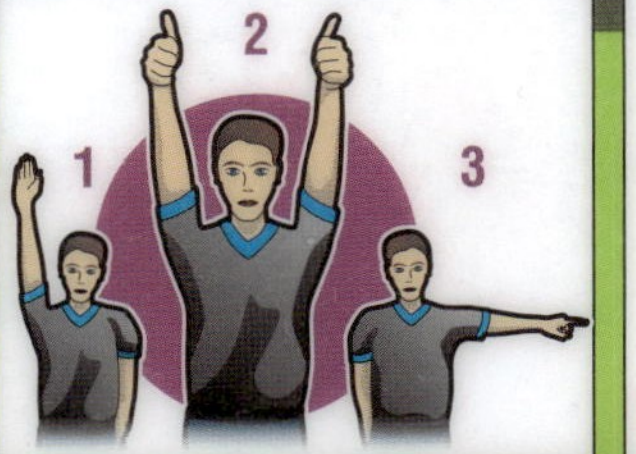

ÜBERTRETUNGEN

SCHRITTFEHLER

Fäuste vor dem Körper umeinander rollen

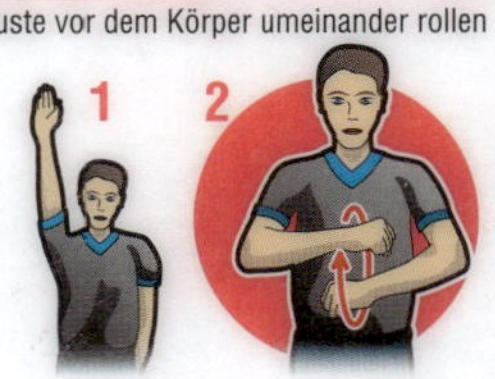

DOPPEL-DRIBBLING REGELWIDRIGES DRIBBELN

Auf- und Abbewegen der nach vorn gerichteten Arme (geöffnete Handflächen)

FÜHREN DES BALLS REGELWIDRIGES DRIBBELN

Handfläche am ausgestreckten Arm drehen (Ballführung simulieren)

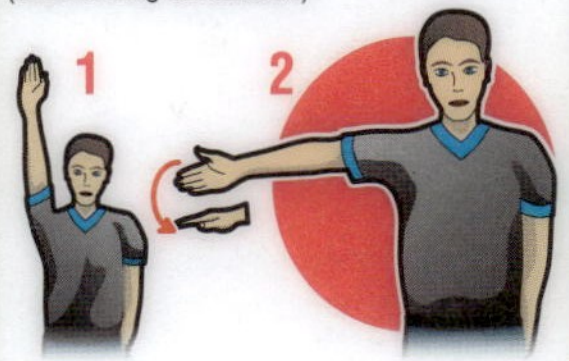

3 Sekunden

Ausgestreckter Arm zeigt Daumen, Zeige- und Mittelfinger

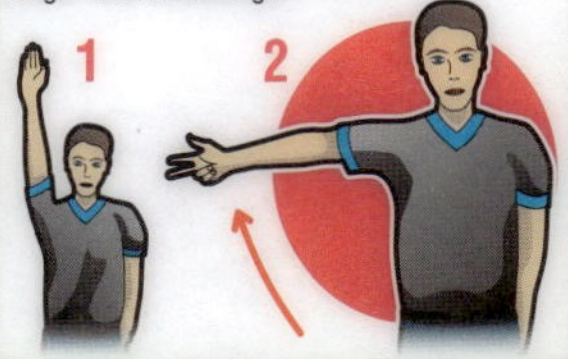

ÜBERTRETUNGEN

5 Sekunden

Hand zeigt 5 Finger

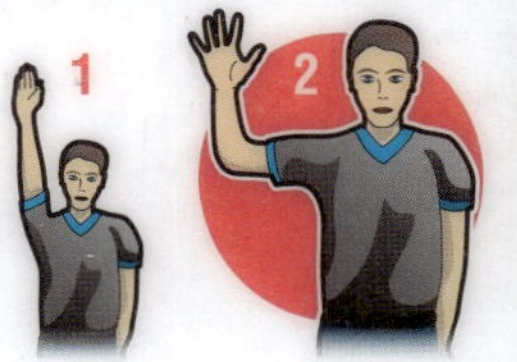

8 Sekunden

Die rechte Hand zeigt 5 Finger, die linke 3 Finger

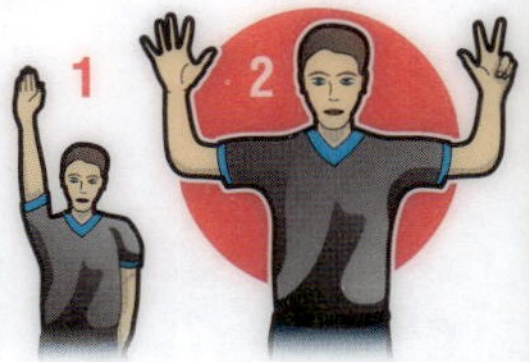

24 Sekunden

Die Finger der linken Hand berühren die linke Schulter

Ball in das Rückfeld gespielt

Arm mit ausgestrecktem Zeigefinger beschreibt einen Halbkreis vor dem Körper

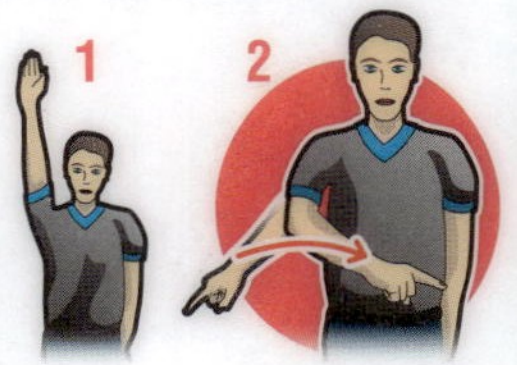

Absichtliches Fußspiel

Hand mit ausgestrecktem Zeigefinger deutet auf den Fuß (des ausgestreckten Beins)

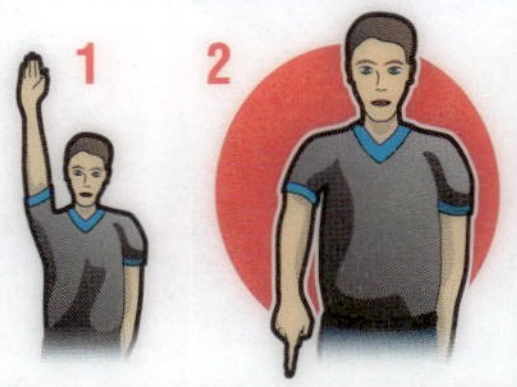

ART DES FOULS

Halten

Die rechte Hand umfasst das linke Handgelenk

Defensiv: Blockieren
Offensiv : Illegales Sperren

Beide Hände werden in die Hüfte gestützt

Pushing / Charging ohne Ball

Imitation eines Stoßes mit beiden nach vorn gerichteten offenen Handflächen

Charging mit Ball

Die rechte Hand deutet einen Faustschlag gegen die offene linke Handfläche an

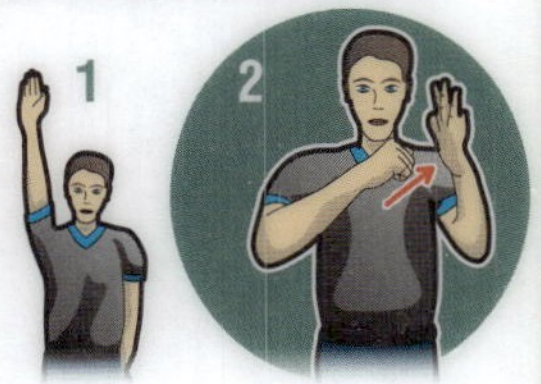

Handchecking

Rechte Hand wird offen nach vorn bewegt und dabei mit der linken Hand am Handgelenk umfasst

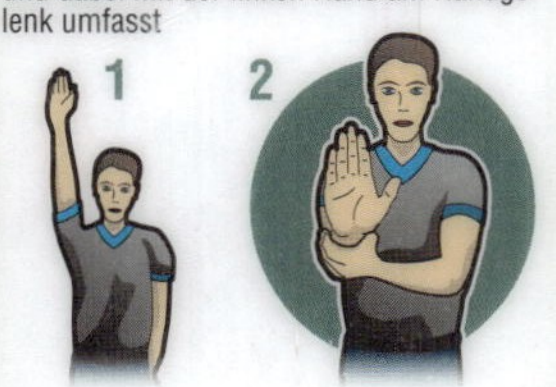

DREIPUNKT

ISBN 978-3-86448-030-0
DREIPUNKT-VERLAG
EUR 7,90
www.dreipunkt-verlag.de
9 783864 480300

ART DES FOULS

Regelwidriger Gebrauch der Hände
Simulierter Schlag der rechten Hand gegen das linke Handgelenk

Regelwidriger Kontakt an der Hand
Simulierter Schlag der rechten Hand gegen den linken Unterarm

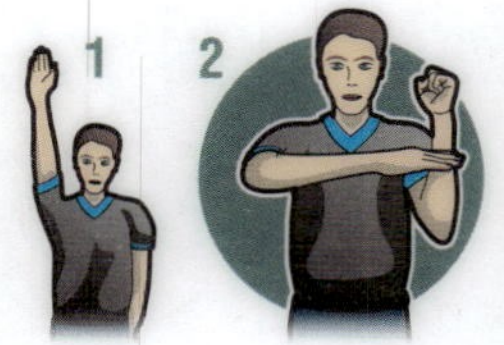

Übertriebenes Schwingen des Ellbogens
Rückwärts-Schwung des Ellbogens

Schlag an den Kopf
Simulation eines Kontakts am Kopf mit einer Hand

Foul durch die Mannschaft in Ballkontrolle
Faust am ausgestreckten Arm zeigt in die neue Spielrichtung

ART DES FOULS

Foul am Korbwerfer
Geschlossene Faust zeigt nach oben, danach zeigt der nach vorn oben gerichtete Arm die Anzahl der Freiwürfe

Foul nicht am Korbwerfer
Geschlossene Faust zeigt nach oben, danach zeigt der nach vorn unten gerichtete Arm die Anzahl der Freiwürfe

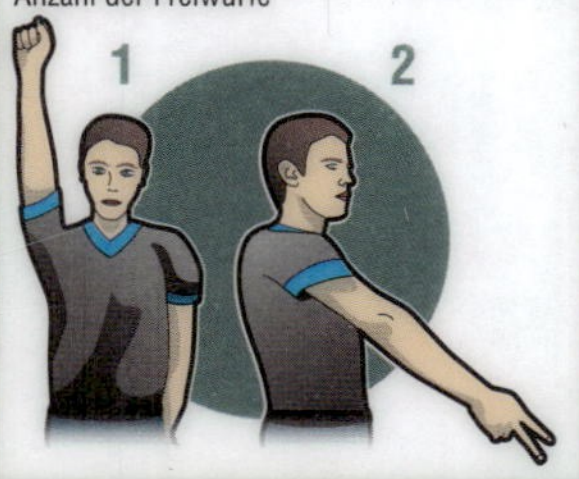

BESONDERE FOULS

Doppelfoul
Übereinander-Bewegen beider Fäuste über dem Kopf

Unsportliches Foul
Umfassen des Handgelenks einer Hand mit der anderen Hand über dem Kopf

BESONDERE FOULS

Disqualifizierendes Foul
Beide geschlossenen Fäuste zeigen nach oben

Technisches Foul
Beide offenen Handflächen bilden den Buchstaben 'T'

AUSFÜHRUNG VON FOULSTRAFEN

Anzeige zum Anschreibertisch

Nach einem Foul ohne Freiwürfe
Die rechte Hand deutet in die Spielrichtung. Der Arm ist dabei parallel zu den Seitenlinien ausgerichtet.

Nach einem Foul durch die Mannschaft in Ballkontrolle
Die rechte Hand bildet eine Faust und deutet in die Spielrichtung. Der Arm ist dabei parallel zu den Seitenlinien ausgerichtet.

AUSFÜHRUNG VON FOULSTRAFEN

Anzeige zum Anschreibertisch

1 Freiwurf
Ein Finger wird hochgehalten (Zeigefinger)

2 Freiwürfe
Zwei Finger werden hochgehalten (Zeige- und Mittelfinger)

3 Freiwürfe
Drei Finger werden hochgehalten (Daumen, Zeige- und Mittelfinger)

AUSFÜHRUNG VON FOULSTRAFEN

Aktiver (vorderer) Schiedsrichter

1 Freiwurf
Ein Finger wird waagerecht gezeigt (Zeigefinger)

2 Freiwürfe
Zwei Finger zeigen waagerecht (Zeige- und Mittelfinger)

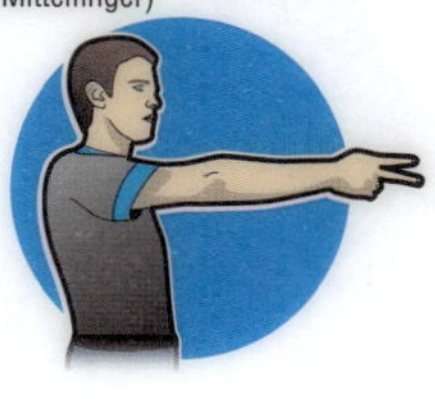

3 Freiwürfe
Drei Finger zeigen waagerecht (Daumen, Zeige- und Mittelfinger)

AUSFÜHRUNG VON FOULSTRAFEN

Freier (folgender/mittlerer) Schiedsrichter

1 Freiwurf
Ein Finger wird hochgehalten (Zeigefinger)

2 Freiwürfe
Beide offenen Handflächen zeigen nach oben

3 Freiwürfe
Drei Finger an beiden Händen werden hochgehalten (Daumen, Zeige- und Mittelfinger)

ANZEIGETAFEL

Für Zuschauer und Spieler stehen an der Anzeigetafel Informationen bereit:

Allgemeine Informationen zum Spiel

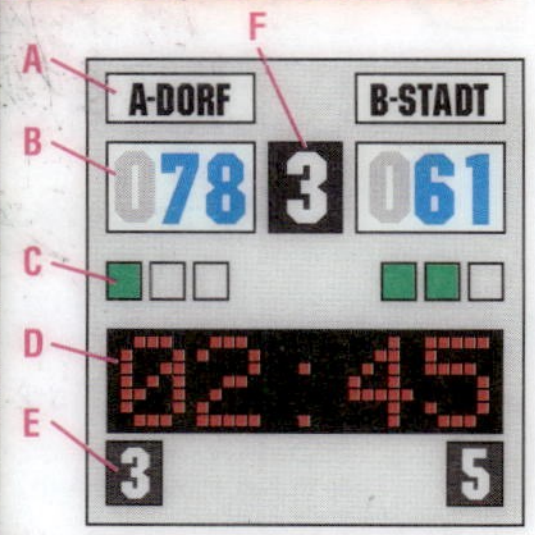

- A - Namen der Mannschaften
- B - Aktueller Spielstand
- C - Anzahl der von der jeweiligen Mannschaft genommenen Auszeiten
- D - Verbleibende Restzeit im Spielviertel. Angabe in Minuten und Sekunden (bei weniger als 1 Minute erfolgt die Angabe in Sekunden und Zehntelsekunden)
- E - Anzahl der Mannschaftsfouls
- F - Spielperiode (hier: Drittes Viertel)

Informationen zu einzelnen Spielern

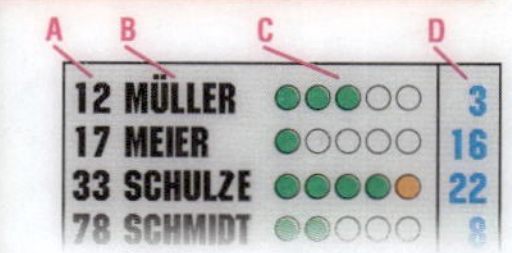

- A - Spielernummer (Trikotnummer)
- B - Spielername (ggf. mit Vornamen)
- C - Spielerfouls (5. Foul in rot oder orange)
- D - Vom Spieler erzielte Punkte (Darstellung in der gleichen Farbe wie der Spielstand)

SPIELERNUMMERN

0 (Null)

Die rechte Hand bildet mit Zeigefinger und Daumen einen Kreis, der die Ziffer Null darstellt

00 (Doppel-Null)

Die beiden Hände bilden mit Zeigefinger und Daumen einen Kreis. Jeder dieser Kreise steht für eine Null.

1 (Eins)

Die rechte Hand zeigt die Ziffer Eins mit dem ausgestreckten Zeigefinger. Die Handfläche weist nach vorn.

SPIELERNUMMERN

2 (Zwei)

Die rechte Hand zeigt den Zeige- und Mittelfinger

3 (Drei)

Die rechte Hand zeigt Daumen, Zeige- und Mittelfinger

4 (Vier)

Die rechte Hand zeigt alle Finger bis auf den Daumen

5 (Fünf)

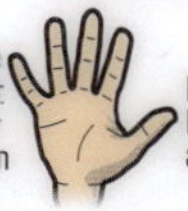

Die rechte Hand zeigt alle Finger

Ziffern 6 (Sechs) bis 10 (Zehn)
Die rechte Hand zeigt stets die Fünf. Die linke Hand ergänzt die Differenz.

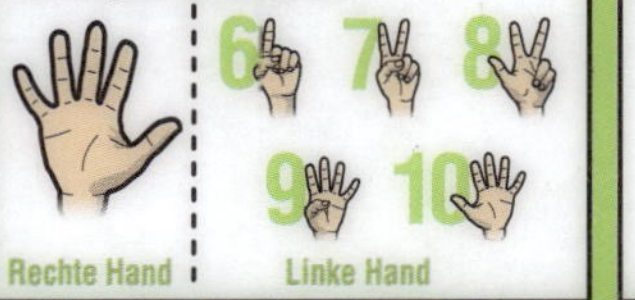

SPIELERNUMMERN

Ziffern 11 (Elf) bis 15 (Fünfzehn)
Die rechte Hand zeigt stets die Zehn als Faust. Die linke Hand ergänzt die Differenz.

Ziffern 16 (Sechzehn) bis 99 (Neunundneunzig)
Zunächst wird mit der oder den Handrückseiten die Zehnerziffer angezeigt. Danach mit einer oder zwei Händen die entsprechende Einerziffer.

Zehnerziffern

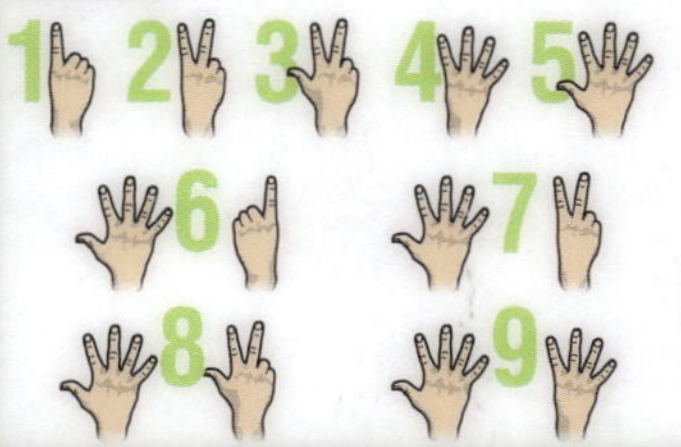

BEISPIEL

78

Zuerst zeigen die Hände mit den Außenseiten die Zehnerziffer. Im Anschluss daran mit den Innenseiten die Einerziffer.

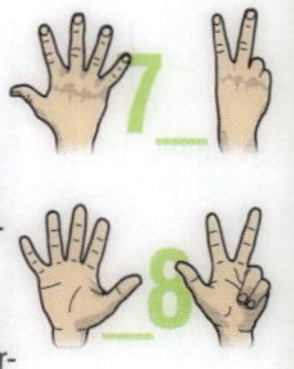

DREIPUNKT

ISBN 978-3-86448-030-0
DREIPUNKT-VERLAG
EUR 7,90
www.dreipunkt-verlag.de

9 783864 480300